APRENDE A CONCILIAR TU VIDA PROFESIONAL Y PERSONAL

Las claves para encontrar el equilibro
y definir tus prioridades

Por Renée Francis

Traducido por Laura Soler Pinson

Coaching en50MINUTOS.es

CONCILIAR VIDA PERSONAL Y PROFESIONAL

- **¿Problemática?** ¿Cómo me aseguro de que mi vida profesional no invada demasiado mi vida personal? ¿Cómo encuentro el punto medio entre las dos para ser eficaz en el trabajo y estar tranquilo en casa?
- **¿Utilidad?** En el momento en que entras en el mundo laboral y si, además, tienes un cónyuge, hijos y una vida social activa, te ves confrontado a la dificultad de conciliar con armonía la vida laboral y la vida íntima. Por lo tanto, resulta útil detenerse un instante para evaluar aquellos aspectos que conforman un día a día pleno.
- **¿Preguntas frecuentes?**
  - ¿Realmente me interesa marcar una separación clara entre lo personal y lo profesional?
  - ¿Cómo lo hago si soy autónomo/empresario?
  - ¿Cuáles son las trampas que debo evitar para alcanzar un equilibrio adecuado en mi vida?
  - ¿Cómo empiezo mi jornada sin presión?
  - ¿Cómo limito las interrupciones, que generan tantas pérdidas de tiempo?
  - ¿Cómo acabo mi jornada con un sentimiento de satisfacción?

El problema del equilibrio entre carrera y vida personal afecta a toda la población activa, tanto hombres como mujeres; empleados, directores ejecutivos, becarios o autónomos; jóvenes o mayores; solteros, en pareja o divorciados; padres o no. No siempre resulta fácil cumplir simultáneamente con los distintos papeles que tenemos que desempeñar. De hecho, ¿aparcas realmente el trabajo hasta el día siguiente cuando sales por la puerta de la oficina? ¿Te pones a total disposición de tus seres cercanos?

Aunque es normal que de vez en cuando te sientas desbordado, sobre todo a causa del ritmo vertiginoso de la sociedad actual, también es fundamental que encuentres un equilibrio estable que se corresponda con esa calidad de vida a la que aspiras. La vida pasa rápido, ¡no pierdas el tren!

No existe un secreto para ello: se trata de volver a centrarse en uno mismo y en lo que realmente deseamos, de definir nuestras prioridades profesionales y familiares y de organizarnos para situarlas en el lugar que les corresponde. No estamos hablando de llevar a cabo grandes sacrificios, sino de aceptar que debemos elegir y que debemos efectuar pequeños cambios. Volvemos a repetir que no existe un secreto, pero para mantener un cierto equilibrio en el día a día, para dominar el estrés y para optimizar nuestro tiempo pueden resultar útiles algunos consejos.

¿Cuál es el manual de instrucciones para conciliar vida personal y vida profesional sin que nadie y, en primer lugar, nosotros, salga perjudicado? ¿Cómo mantener el entusiasmo? A lo largo de estas páginas, intentaremos responder a estas preguntas.

EL ABECÉ DEL EQUILIBRIO ENTRE LO PERSONAL Y LO PROFESIONAL

CONOCERSE A UNO MISMO

Nos resultará imposible encontrar el equilibrio adecuado si no sabemos qué podría provocar que nos tambaleemos. Por lo tanto, lo primero que haremos será tomarnos un instante para reflexionar sobre aquello que nos lleva a actuar en la vida, sobre nuestros valores, sobre nuestro motor principal y sobre nuestros límites.

Jerarquizar nuestros valores

El panorama que nos rodea está compuesto por la publicidad, las revistas, el flujo continuo de información, internet, la dificultad de elegir en esta sociedad de consumo, la presión social, profesional y familiar, etc. En este contexto, resulta difícil que tomemos conciencia de lo que queremos realmente. Y, sin embargo, este punto es esencial: determinar aquello que necesitamos para ser felices.

¿Sabes qué valores te llevan a actuar? Para arrojar luz sobre este asunto, toma un lápiz y rodea un número del 1 al 6 (del más importante al menos importante) en cada línea de la tabla que te presentamos a continuación —cuidado, solo puedes rodear una vez cada número—. Olvídate de todas las obligaciones y piensa únicamente en lo que realmente es importante para ti para crear la jerarquía de estos elementos en tu mapa mental.

Se pueden añadir otros valores a los que se enumeran aquí, como participar en un deporte de equipo, implicarse un proyecto humanitario o en una asociación, descubrir otras culturas, etc. Asimismo, debes ser consciente de que el resultado al que vas a llegar está lejos de ser definitivo. Nuestros valores evolucionan con nuestra trayectoria. Por lo tanto, será necesario realizar ajustes con el paso del tiempo para encontrar en todo momento nuestro equilibrio.

Valor	Importancia en tu sistema de valores					
Familia	1	2	3	4	5	6
Trabajo	1	2	3	4	5	6
Amigos	1	2	3	4	5	6
Ocio	1	2	3	4	5	6
Dinero	1	2	3	4	5	6
Pareja	1	2	3	4	5	6

Vuelve a realizar el mismo ejercicio para indicar en qué posición se sitúan estos valores en tu vida diaria actual. ¿Qué valor ocupa el lugar más importante?

Valor	Posición jerárquica actual					
Familia	1	2	3	4	5	6
Trabajo	1	2	3	4	5	6
Amigos	1	2	3	4	5	6
Ocio	1	2	3	4	5	6
Dinero	1	2	3	4	5	6
Pareja	1	2	3	4	5	6

Ahora, compara todos los puntos de las dos tablas. La primera corresponde a los valores que debes priorizar para sentirte bien. La segunda corresponde al lugar que actualmente ocupan estos distintos componentes de tu vida en tu existencia. Si existen divergencias importantes entre las dos, significa que te encuentras en situación de desequilibrio y que tienes que emplear mucha más energía para seguir adelante. En este caso, necesitarás implementar una estrategia para reducir al máximo el desfase, ya que podrías llegar a asfixiarte.

Para ello, tendrás que identificar, antes que nada, aquello que te mueve realmente, tu verdadera motivación, el sentido que quieres darle a tu vida. Este sentido general ya se desprende de manera implícita de las respuestas que has dado sobre tus prioridades.

Encontrar nuestra fuente principal de energía

«¿Qué quieres ser cuando seas mayor?». A todos nos han formulado esta pregunta cuando éramos pequeños e incluso nosotros se la planteamos a las nuevas generaciones, como si la futura profesión fuera el único elemento capaz de convertirnos en seres felices y realizados.

¿Crees, en perspectiva, que has seguido la trayectoria que habías pensado? Hazte esta pregunta, sin ceñirte al ámbito profesional. Integra los valores que se recogen en las tablas anteriores para elaborar un pequeño y breve balance de tu trayectoria. ¿Las decisiones que has tomado están en sintonía con tus deseos y tus capacidades? Si tal es el caso, sin duda descubrirás rápidamente cuál es tu motor, el elemento fundamental que te da la energía para avanzar en la buena dirección y que te aporta la felicidad. Basta con encontrar el punto común entre tus diferentes opciones de vida. ¿El compartir? ¿El compromiso? ¿El amor? ¿La necesidad de comprender? ¿Las ganas de crear?

Si todavía buscas el motor de tu vida, ¡recuerda que lo que haces en tu día a día no tiene por qué definirte! Puede que sufras un desfase con respecto a los valores que te mueven y, en consecuencia, muy probablemente no veas con claridad cuál es tu motor. Eres tú quien debe recalcar dónde residen los valores que has situado en la parte alta de la lista; estas prioridades que expones contribuyen a tu fuente de energía. Por lo tanto, a partir de estas, podrás deducir cuál es ese ideal hacia el que debes dirigirte para encontrar la felicidad.

Encontrar el sentido a tu vida te aportará el aplomo necesario para sentirte más en sintonía contigo mismo. En cuanto identifiques tu motor, podrás organizar tu vida para que esa fuente de energía no quede relegada a un segundo plano. Estarás en condiciones de dar una orientación a todo lo que haces, ya que, al contrario de lo que ocurre con los valores, cuya importancia varía constantemente, tu fuente de energía principal no debería cambiar.

Ser conscientes de nuestros límites

Cada individuo tiene un carácter, una personalidad y un temperamento propios, que pueden verse condicionados por el ambiente en el que evolucionan. A veces, la presión profesional puede llevar a ciertas personas a sobrepasar sus límites físicos, psíquicos o morales.

Para vivir en sintonía con nuestros valores y nuestras capacidades, es absolutamente fundamental que identifiquemos claramente nuestros límites. Por supuesto, nos referimos a límites positivos, «que ayudan», que nos permiten respetarnos; no hablamos de los límites negativos, que nos impiden avanzar en la dirección que hemos decidido, como el miedo a la opinión de los demás, la timidez, la creencia de que no necesitamos ayuda de nadie, etc.

En este sentido, tener límites no es de ningún modo peyorativo. Cuando los reconocemos, aceptamos que no somos perfectos, ¡y eso es perfecto! Imagina un mundo sin límites: el caos se habría hecho con las riendas rápidamente. Caeríamos constantemente en los extremos y no tendríamos la oportunidad de destacar la complementariedad de los individuos. Al igual que ocurre con los niños, los límites nos dibujan una cierta estructura. Cuando identificamos nuestros propios límites, podemos comprender nuestra estructura interna. Y cuando comprendemos nuestro funcionamiento personal, podemos identificar nuestros puntos fuertes y nuestras lagunas. Es la oportunidad para optimizar nuestras virtudes y para expresar alto y claro lo que no se adapta a nuestro campo de acción y/o de reflexión.

También puede que nos veamos obligados a mover nuestros límites. Aunque no queramos, a veces debemos mostrarnos flexibles. Esto implica llegar a soluciones intermedias y hacer concesiones. A pesar de todo, intenta encontrar un punto medio para no renunciar por completo a los límites que has identificado.

En el equilibrio entre vida personal y profesional, hay que evaluar tres aspectos. Responde a las siguientes tres preguntas, sin pensar más de unos segundos. Las respuestas deben surgir de manera espontánea y es la primera reacción la que cuenta.

- ¿Paso demasiado tiempo en el trabajo?
- ¿Tengo tiempo suficiente para mí y para mis seres cercanos?
- ¿Pienso a menudo en el trabajo durante mi tiempo libre?

¡NO TE PONGAS UNA VENDA EN LOS OJOS!

Puede que no consideres que pasas demasiado tiempo en el trabajo, incluso si estás diez horas al día en la oficina. Algunos eligen voluntariamente refugiarse en el trabajo para protegerse de posibles decepciones o para no implicarse emocionalmente en el plano personal. Si te encuentras en esta situación, no olvides que la vida fuera del ámbito laboral es la única que te quedará cuando estés en periodo de descanso, de vacaciones o jubilado, o si tu empresa decide prescindir de tus servicios. ¿No te apetece que sea rica en emociones, en relaciones y en desafíos?

Si te cuesta identificar tus límites, presta atención a los momentos en los que haces algo a regañadientes. ¿Es por pereza, por falta de motivación, por falta de interés, etc.? ¿O es porque te supone cruzar uno de los límites que has identificado? A menudo, este sentimiento de malestar persistente que te atormenta es, en realidad, un límite que intenta manifestarse en ti.

RESPETAR NUESTRAS NECESIDADES, TANTO EN CASA COMO EN EL TRABAJO

Marcar nuestros límites

Es más fácil decirlo que hacerlo. Sin embargo, se trata de una de las claves del éxito, tanto en el mundo laboral como en la vida personal. ¿Por qué a veces nos parece tan difícil fijar los límites? Aparecen dos actores en este proceso: el que los marca y aquel o aquellos a quienes se les marca (a nosotros mismos o a los demás).

Si te cuesta marcar tus límites, quizás es porque te falta seguridad para expresarlos o porque temes que tengan una mala acogida. En cualquier caso, el resultado final es que no los expones. O, más concretamente, no comunicas correctamente el mensaje que quieres transmitir. La pregunta que debemos plantearnos cuando nos cuesta verbalizar nuestros límites es la siguiente: ¿cuáles podrían ser las consecuencias? ¿Esta situación generaría un conflicto, un malestar, una especie de rendición de cuentas o una ofensa? ¿O quizás serviría para mostrar tu lado más asertivo que a lo mejor crees que no dominas?

Intenta ponderar tu respuesta procurando ceñirte a la realidad, sin extrapolar ni dramatizar. La única consecuencia de la que puedes estar absolutamente seguro es que serás el principal afectado si no llegas a liberarte. ¡Cuando marcas un límite, no se trata de que el mundo se pare, sino de conseguir que tu propio universo vaya sobre ruedas!

Para conseguir marcar nuestros límites, debemos agudizar nuestro sentido de la comunicación. Todo depende de cómo presentas los contornos de lo que te parece tolerable. No tengas miedo de ser honesto. Cuando marcas un límite, también estás liberándote de tus propias obligaciones. Asume tu derecho al respeto y no delegues esa responsabilidad en un tercero. Muéstrate capaz de decir que no sin agredir al otro y sin buscar una justificación externa.

Ahora bien, todo es cuestión de elección y de circunstancias. En efecto, por nuestro propio bienestar y por el de los demás, a veces es mejor llegar a un acuerdo que consuma poca energía, en vez de entrar en debates estériles e interminables solo por mantenernos en sintonía con nuestros principios. Pregúntate si merece la pena llevar a cabo esa batalla y aprende a preservarte para los asuntos que valgan la pena. No obstante, ten cuidado: no dejes pasar demasiados pequeños detalles por querer evitar conflictos. Estarías creando un desequilibrio otra vez.

¡ABRE LOS OJOS!

Cruzar tus límites para beneficio de un tercero no puede tomarse como norma en el futuro. Si todos los días te proponen un café en la cama, rápidamente te acostumbrarás y preguntarás dónde está tu café si no llega. Por eso, si sistemáticamente realizas horas extra, que no te resulte raro si tu jefe o tus compañeros se extrañan de que un día te vayas a la hora, y eso provocará en ti un sentimiento infundado de que no trabajas lo suficiente. ¡Tú los has acostumbrado a realizar horas extra!

Relativizar la importancia del trabajo

El mundo del trabajo se ha vuelto tan complicado en estas últimas décadas que, por momentos, se ha convertido en algo impersonal. Las oficinas construidas con acero y vidrio, que reflejan el color del cielo, no tienen alma. El jefe encarna una autoridad a la que es difícil presentar una negativa a su debido tiempo para que uno pueda volver a encontrarse a sí mismo.

Para alcanzar un equilibrio adecuado entre vida privada y vida profesional, hay que relativizar. Todo el mundo, incluidos los compañeros y el jefe, se levanta cada mañana para ir al trabajo, aun cuando muchas de esas personas seguramente tienen proyectos personales en los que preferirían centrarse. Querer una calidad de vida y un equilibrio personal no afecta a la ambición y/o a la motivación que sentimos en nuestro puesto y, sobre todo, no debemos avergonzarnos de ello. ¡Aunque nos guste lo que hacemos, no significa que queramos hacerlo para siempre o que solo pensemos en nuestro trabajo! Los mejores deportistas necesitan perspectiva para prepararse mentalmente y establecer sus mejores marcas. No debemos ignorar bajo ningún concepto el cansancio mental que vamos acumulando cuando nos mantenemos activos. Es la facultad de relativizar la que condiciona cómo abordamos la vida, con sus alegrías y sus preocupaciones.

¿Qué haces si te falta perspectiva, si estás atrapado en una espiral que parece ser más poderosa que tu voluntad? Muchos acuden a sus seres cercanos para hablar de lo que va mal, con lo que obtienen una opinión externa, menos implicada, acerca de un tema o de un problema, pero a menudo igualmente para que los consuelen. En efecto, cuando se da una coyuntura difícil en el ámbito laboral, el trabajo se convierte en una fuente de angustia, también para aquellos que parecen muy seguros de sí mismos. Incluso el jefe más importante debe enfrentarse a las dudas y al estrés internos. Es más fácil relativizar si sabemos que no somos los únicos en pasar por ese trance.

TEST: ¿CÓMO VISUALIZAS TU JORNADA, TU SEMANA, TU AÑO?

Cada individuo divide el tiempo de manera diferente.

En una misma casa, cada miembro de la familia tendrá su propia visión temporal en función de su edad y de sus responsabilidades. ¿Cuál es la tuya?

En términos generales, cuando no logramos relativizar, la noción del corto plazo está muy presente. Probablemente, veas tu año dividido en periodos de trabajo, aligerado con algunos periodos de vacaciones aquí y allá. De una semana de vacaciones a otra, tienes la sensación de entrar en fase de «apneas», de aguantar la respiración mientras esperas que pase el tiempo, sin disfrutar del resto del año. Podríamos comparar esta situación con ver una película a cámara rápida para llegar directamente a los momentos cómicos sin mostrar interés por el resto de la historia que, sin embargo, conforma una sucesión de elementos constitutivos no desdeñables.

Para disfrutar mejor de cada momento, intenta volver a distribuir mentalmente tu tiempo. Por ejemplo, puedes tomar la decisión de instaurar una interrupción, un tiempo de inactividad en tu semana para obtener una pequeña bocanada de aire fresco. Si percibes la semana como un bloque de cinco días que termina con dos días de fin de semana, intenta cortarla en dos, por ejemplo, programando una actividad el miércoles que realmente te agrade. Esta interrupción te devolverá energía y te ayudará a superar los pequeños problemas de la oficina para que no influyan en tu vida personal; porque, en ese momento, ¡no estás disponible para responder a nada relacionado con el trabajo!

Liberarse del sentimiento de culpa

Quien dice desequilibrio, dice malestar. En efecto, el desequilibrio en seguida va acompañado del sentimiento de pérdida de control. No nos sentimos a la altura en lo profesional o en lo personal, o incluso en ambos campos, lo que genera un sentimiento de culpabilidad y de ineptitud. Muy rápidamente, empezamos a compararnos con los demás y a ver en nosotros solo lo que no funciona o lo que no hacemos bien. Pero en la era de las redes sociales y de los programas de telerrealidad, que nos crean la falsa idea de ser testigos de vidas más emocionantes y más enriquecedoras que la nuestra, debemos recordar que lo que se nos muestra no siempre se corresponde con la realidad. A veces, las personas con más amigos son las que se sienten más solas, y puedes apostar a que incluso aquellos que parecen culminarlo todo con éxito fácilmente deben luchar para mantener el equilibrio en su vida.

Vuelve a lo esencial y deja de compararte con los demás. Entonces, podrás entrar en una dinámica de intercambio y tendrás la posibilidad de aprender e interactuar con la gente de tu alrededor. Por el contrario, si potencias la codicia, la comparación constante o los celos, solo alimentarás tus ideas erróneas sobre la vida de los demás, sin cotejarlas. Sin embargo, no es su vida la que debe preocuparte; debes vivir la tuya y, si es posible, de manera realizada.

¿No eres perfecto? Mejor. La perfección es terriblemente aburrida. Ahora que conoces tus límites, puedes llevar a cabo los procesos necesarios para compensarlos y generar complementariedades con terceros (compañeros, miembros de tu familia, amigos), mientras mantienes tu independencia para poner remedio a tus posibles incumplimientos. Los otros pueden hacer que tu vida sea más fácil.

El egoísmo positivo

En términos generales, el egoísmo tiene mala prensa, con fama de ser un rasgo de carácter extremo, incluso abusivo, que a veces llega hasta el desprecio o la negación del otro. Al egoísmo se le ha atribuido a lo largo de las definiciones una connotación extremadamente negativa. Dado que la tendencia social ya tiende al individualismo, es importante que revisemos las nociones de compartir y de solidaridad.

El egoísmo positivo puede encontrar su lugar en este contexto. ¿Cómo definirlo? Se trata de la facultad de no echarse a un lado ante la voluntad de otros, de no frenar nuestra naturaleza y nuestras ambiciones, sin que eso signifique que pisamos a los demás o que descuidamos a nuestro entorno. Los sueños y las profundas aspiraciones personales vuelven a situarse entonces en el centro de la existencia. Gracias a un enfoque «egoístamente positivo» de nuestra vida, indudablemente podemos recuperar el placer de disfrutarla más y restablecer un equilibrio entre vida personal y vida profesional. En otras palabras, en la práctica, el egoísmo positivo consiste simplemente en respetarnos y hacer que los demás nos respeten, respetando nosotros a los demás.

Este proceso pasa por la asertividad, un método de comunicación no violenta que consiste en expresar nuestras propias necesidades sin negar las de los otros, a través de la escucha y del diálogo sincero.

LOS MEJORES CONSEJOS

- Organízate de manera realista: tira a la basura los buenos propósitos que no puedes cumplir. Los objetivos inalcanzables contribuyen a crear un sentimiento de fracaso porque son demasiado ambiciosos. Sustitúyelos por pequeños trucos en tu día a día que no requieren un esfuerzo particular, pero que facilitan un poco la vida diaria.
- Evita el cansancio adoptando una higiene de vida y un ritmo más adaptado a tus necesidades. Opta por actividades que se adecuen a tu estado de energía. En la medida de lo posible, intenta planificarlas en momentos que tengan el menor impacto posible sobre tu forma física. Estarás menos cansado por la mañana y eso te permitirá empezar la jornada con más tranquilidad.
- Prepara tus enseres la víspera. En vez de correr de aquí para allá por la mañana, planea qué necesitarás para salir de casa despreocupado. ¡Esto es aún más importante si tienes hijos!
- Por la noche, apaga el móvil durante dos horas, sobre todo si estás en familia o con amigos. Bríndales toda tu atención.
- Solicita ayuda a tu familia o a personas cercanas cuando no logras gestionar por ti solo lo que tienes que hacer. No tiene nada de malo pedir que nos echen una mano. Si, como consecuencia, las cosas no están hechas a tu manera, no pasa nada: ¡lo importante es que estén hechas!
- Colabora con tu entorno para encontrar soluciones. Si, por ejemplo, tienes hijos, podrías llegar a un acuerdo con

otros padres para turnaros a la salida del colegio.

- En la misma línea, convierte tu pareja en un dúo insuperable, repartiéndoos las tareas en función de lo que prefiera hacer cada uno. Los quehaceres seguirán siendo quehaceres; sin embargo, si se reparten, te parecerá que acumulas más tiempo para ti.

- Impulsa tu eficacia en el trabajo para sacar tiempo para la familia/para ti/para estar en casa. Para ello, infórmate sobre las técnicas de gestión del tiempo y de las prioridades. Elabora tu pequeño plan de trabajo de la jornada: divídela en varias fases con un límite de tiempo para cada tarea que debes efectuar. Fraccionar la jornada es una metodología eficaz que evitará que nos sintamos superados por la situación.

- Utiliza los medios a tu alcance para facilitarte la vida diaria. Se han desarrollado muchas tecnologías y aplicaciones con ese objetivo. Por ejemplo, puedes decidirte a hacer tus compras por internet y que te las envíen a casa o domiciliar pagos para reducir el tiempo que pasas con el papeleo. Adquirir un teléfono inteligente te permitirá consultar tu correo electrónico durante tus desplazamientos; no obstante, ten cuidado y no abuses de él cuando acabe tu jornada. ¡Aprende a despegarte de él a tiempo!

- Compra un congelador, sobre todo si tienes hijos. Cocina cantidades mayores de comida y congélalas. Así, puedes programar una o varias noches tranquilas sin tener que pasar tiempo en la cocina y sin tener que hacer la compra después de tus horas de trabajo.

- Pon tu despertador dos minutos antes cada día durante un mes y levántate en seguida. Después de un mes, habrás ganado una hora al día, sin sentir una gran diferencia: este tiempo te permitirá hacer algunas tareas en casa que ya no tendrás que realizar por la noche, acudir pronto al trabajo para volver antes, hacer deporte o, simplemente, tomarte tu tiempo para desayunar.

- Sé previsor, pero sin mostrarte «ausente» en tu «presente». Hoy estás construyendo tu felicidad.

PREGUNTAS FRECUENTES

¿REALMENTE ME INTERESA MARCAR UNA SEPARACIÓN CLARA ENTRE LO PERSONAL Y LO PROFESIONAL?

¡Sí! ¡Deja los problemas personales en casa y los problemas profesionales en la oficina! De esta manera, tanto en un caso como en otro, te permitirás pensar en otra cosa. Además, estar ocupado con otras actividades en vez de dar vueltas a los problemas constituye una fuente de inspiración o una válvula de escape para abordarlos de manera diferente tras haber dejado que reposen. Esto impulsa la reflexión y favorece el nacimiento de soluciones creativas. Por lo tanto, establecer una separación clara entre lo personal y lo profesional te ayudará a mantener la concentración en el trabajo y la tranquilidad en casa.

¿CÓMO LO HAGO SI SOY AUTÓNOMO/ EMPRESARIO?

La presión que descansa sobre los hombros de un autónomo o de un empresario es diferente a la que experimenta un empleado. Un autónomo no siempre tiene los mismos horarios y, a menudo, su trabajo se extiende a los fines de semana y por la noche. La frontera entre lo privado y lo profesional puede resultar más sutil que para los empleados.

A pesar de todo, la fórmula ideal para conciliar vida personal y vida profesional también reside en el hecho de fijarse horarios para lo laboral y para lo personal, sin aceptar interferencias del primero en el segundo. Así, si nuestras oficinas/talleres se encuentran en nuestro domicilio, es preferible que los separemos claramente del resto de la habitación (al menos visualmente, con una puerta, una cortina, un biombo, etc.), para que lo profesional no esté omnipresente y no le recuerde constantemente al autónomo todo lo que le queda por hacer. Debemos aceptar que nunca acabamos y tenemos que dejarnos llevar para respirar un poco.

¿CUÁLES SON LAS TRAMPAS QUE DEBO EVITAR PARA ALCANZAR UN EQUILIBRIO ADECUADO EN MI VIDA?

- ¡Cuidado con las nuevas tecnologías! Cada vez más gente trabaja fuera de sus horas de oficina porque lleva consigo un ordenador o un teléfono profesional: como estas personas están localizables en todo momento, se sienten obligadas a responder inmediatamente a cualquier petición externa. Es una trampa que se puede evitar decidiendo dejar a un lado las nuevas tecnologías en ciertas franjas horarias. Tu tiempo personal se verá todavía más protegido, ya que tu mente no estará rebosando de trabajo. Debemos aprender a relativizar el término «urgente» y a mostrarnos no disponibles.
- Desconfía igualmente de la televisión o de los ordenadores portátiles. Cuentan con la particularidad de mantenerte despierto más de la cuenta, por lo que invaden tus horas de sueño, un aspecto que no debe descuidarse.
- Si estás considerando trabajar a tiempo parcial, asegúrate de que no tendrás una carga de trabajo de cinco

días para un plazo menor. Compruébalo previamente con tu responsable.

¿CÓMO EMPIEZO MI JORNADA SIN PRESIÓN?

Desde que te levantas, concéntrate en algo que tenga un buen efecto sobre ti: un momento de meditación para volver a centrarte en ti mismo, una actividad física para revitalizarte, una tarea doméstica que ya no tendrás que hacer por la noche, un buen desayuno en compañía de tus seres cercanos, etc. ¡Así, albergarás la sensación de haber tenido una jornada satisfactoria incluso antes de empezarla!

Aunque estés cansado, evita levantarte en el último momento, puesto que esto te obligará a ir con el tiempo justo ya desde por la mañana. Consecuencia: cuando llega la noche, sin duda tendrás la sensación de haber estado bajo presión durante todo el día...

Si, aun así, por cualquier razón, vas con retraso, evita que el estrés invada tu día. ¿Estás atrapado en un atasco mientras conduces a tus hijos al colegio? Perfecto, esto te brinda la ocasión de disfrutar más de su presencia. Intenta transformar estos momentos potencialmente estresantes en momentos de calidad y positivos.

¿CÓMO LIMITO LAS INTERRUPCIONES, QUE GENERAN TANTAS PÉRDIDAS DE TIEMPO?

Las interrupciones, tanto en el trabajo como en casa, pueden ser numerosas: las llamadas telefónicas intempestivas, las pequeñas tareas intermediarias urgentes, las personas que reclaman tu atención cuando estás muy ocupado, etc. Todo esto puede hacerte perder un tiempo precioso que podrías emplear en algo más importante.

Puedes limitar estas fuentes de tiempo perdido programando momentos de desconexión durante los que te concentres en una tarea importante sin aceptar las llamadas, las preguntas de los compañeros, los correos electrónicos supuestamente urgentes, etc. Organízate para que nadie te moleste activando el buzón de voz, cerrando la puerta de tu despacho, poniéndote auriculares, desactivando los avisos de tu cuenta de correo electrónico, etc.

¿CÓMO ACABO MI JORNADA CON UN SENTIMIENTO DE SATISFACCIÓN?

Nos sentimos satisfechos con nuestra jornada cuando hemos llevado a cabo algo. Para ello, planifica una tarea profesional importante al día, que tendrás que haber finalizado al final de la jornada. El resto de tu horario tendrá que organizarse en función de esta tarea prioritaria.

En el plano personal, el principio es bastante similar: no podemos estar en todas partes y cada día tiene su propia dificultad. Por lo tanto, no intentes una nueva receta por día durante la semana en la que también has previsto limpiar a fondo: planifica tus jornadas de manera razonable y cumple las tareas previstas, no más. Así, tendrás a la vez la sensación de haber hecho lo que tenías que hacer y un poco de tiempo para disfrutar de una actividad estimulante (deporte, lectura, juegos con los niños, etc.).

¡AHORA ES TU TURNO!

MIS DEVORADORES DE ENERGÍA

En la tabla que te presentamos a continuación, anota en detalle cinco elementos que te piden demasiado tiempo y energía, en casa o en el trabajo, que te impiden tener un equilibrio adecuado entre vida privada y vida profesional. A continuación, especifica cómo gestionas la situación en la actualidad, algo que, manifiestamente, no realizas de la manera correcta. Para acabar, teniendo en cuenta tus recursos y tus puntos fuertes personales, explora las posibles soluciones, las que te permitirán volver a encontrar la energía y/o ahorrar tiempo.

Elemento que devora energía	Gestión actual de la situación	Soluciones que probar
Ejemplo: Me da la sensación de que no tengo tiempo para hacer las cosas a mi ritmo en el trabajo, porque tengo mucha presión. Sin embargo, como me gusta el trabajo bien hecho, me siento insatisfecho y desmotivado.	Ejemplo: Tiendo a alargar mis horarios y a trabajar más. Por lo tanto, le dedico menos tiempo a otras actividades, y eso también me frustra.	Ejemplo: Tengo la suerte de contar con un compañero extremadamente organizado, quizás pueda pedirle «consejos» para ahorrar tiempo en tareas secundarias, lo que me dejaría más tiempo para hacer bien el trabajo importante.

MIS PROVEEDORES DE ENERGÍA

Ahora que ya has identificado algunos de los elementos

que te dificultan la vida, concéntrate en los elementos que llevan energía, los que te ayudan a mantener el rumbo, con el objetivo de adjudicarles más tiempo en tu horario.

EJEMPLOS

Pasar tiempo con la familia – ir a la peluquería – tomar un buen baño caliente – hacer deporte – ir al cine – escaparse un fin de semana – sorprender a tu pareja – ir de compras – ir a bailar – leer un libro – ver la televisión – ir a ver una exposición – ir al mar – montar en bicicleta – hacer una excursión – recibir clases de música – leer el periódico – ir al restaurante – tomar un café – ver un partido de fútbol – ir a la piscina – salir a tomar algo con los amigos – organizar una velada romántica – intentar una nueva receta de cocina – hacer una degustación de vino – etc.

En la medida de lo posible, cada domingo planifica tu semana en líneas generales, separando claramente vida privada y vida profesional. Apunta una sola tarea profesional importante al día y, al menos, dos de estos elementos revitalizantes por semana. Por lo demás, organízate a diario. Intenta llevar a cabo este ejercicio todas las semanas, sin excepciones.

PEQUEÑO PLUS

Identifica los momentos revitalizantes con un color específico, que te guste. Así serán más visibles en tu calendario semanal y te motivarán para seguir adelante.

- 26 -

PARA IR MÁS ALLÁ

FUENTES BIBLIOGRÁFICAS

- Gilbert, Elizabeth. 2008. *Mange, prie, aime: la quête spirituelle d'une femme à travers l'Italie, l'Inde et l'Indonésie*. París: Calmann-Lévy.
- Lelord, François. 2002. *Le voyage d'Hector ou la recherche du bonheur*. París: Odile Jacob.
- McKenna, Paul. 2004. *Change your life in 7 days*. Londres: Bantam Press.

DOCUMENTAL

- *Le bonheur au travail*. Dirigida por Martin Meissonnier, con la colaboración de Isaac Getz. Francia: 2014. https://www.touscoprod.com/fr/project/produce?id=846